質問と回答

疑問に思ったことや気になったことを、どんどん聞いてみよう。
どんな内容の答えがかえってきたかな？

●はたらいている人への質問

●答えてくれたこと

JN091900

まとめ・感想

取材でわかった仕事のくふうや、それについて思ったこと、感じたことなどを書いてみよう。

仕事のくふう、見つけたよ

青山由紀 監修

図書館・警察署

金の星社

は じ め に

　みなさんが大人になったとき、どんな世の中になっているでしょう。今よりもさらに AI（人工知能）が活躍しているだろうと予想されています。けれども、いくら AI が進化したとしても、人間にしかできないことがあります。それは、「なぜだろう」と疑問をもち問題を発見する力、見つけた問題を解決する道すじを組み立てる力、物事を比較したり、その関係やつながりを考えたりする力、今までにないことを新たに創造する力、考えたことを自分らしく人に伝える力、相手のことを思いながらコミュニケーションをする力などです。次の時代を生きるみなさんに求められるこれらの力を、効果的に身につけるのに有効なのが、調べ学習です。

　「仕事のくふう、見つけたよ」シリーズは、仕事のくふうについて調べる活動を通して、先ほど述べたような力が身につく構成になっています。調べたい仕事について、事前に準備しておくこと、調べるときのポイント、まとめ方まで、みなさん自身が、調べ学習をしているかのように書かれています。これらは、「仕事のくふう」にかぎらず、何かを調べてまとめる活動をするときのヒントとなるはずです。

　質問を考えたりまとめたりするときのマッピングやベン図、チャート、マトリックスといった図表は、大人になってからも使える、物事を考えるときに力を発揮する手段となります。報告文という目的や形式の決まった文章の書き方も、これから先もずっと使えるものです。

　また、同じ仕事について調べる人にとっては、本書を読んで下調べをすることで調査やインタビューをするときの質問や疑問を考えたりする助けとなることでしょう。同じ仕事でも、たずねる相手によって、くふうはちがうものです。ぜひ、たずねた方から引き出してください。

　このシリーズが、みなさんの調べ学習と自分らしい報告文を書く助けとなることを願っています。

青山由紀 （あおやま ゆき）

筑波大学附属小学校教諭。小学校で学級を受け持ちながら、複数の学年の国語の授業をおこなっている。また、筑波大学など複数の大学で、小学校の教員を目指す大学生も指導している。小学校『国語』『書写』教科書（光村図書）の編集委員をつとめる。著書に『「かかわり言葉」でつなぐ学級づくり』（東洋館出版社）、監修に『小学館の子ども図鑑プレ NEO　楽しく遊ぶ学ぶ　こくごの図鑑』（小学館）、『季節の言葉』シリーズ（金の星社）などがある。

もくじ

何を知りたいかはっきりさせよう 4

インタビューのしかた 6

図書館を調べよう 8

● 本のならべ方のくふう 10

● 新しい本が入るまでの流れ 12

● 利用しやすい図書館づくり 14

● 本を長もちさせるくふう 16

● 図書館を身近に感じてもらうくふう 18

取材結果をふりかえろう 20

文章にまとめて報告しよう 22

図書館を取材したまとめ 24

警察署を調べよう 26

● くらしを守る警察署の窓口 28

● 交番の警察官のくふう 30

● 人びとの安全を守るくふう 32

● 警備や警護のくふう 34

取材結果をくらべよう 36

いろいろなまとめ方 38

さくいん 40

何を知りたいか
はっきりさせよう

調べる前に

仕事のくふうを知りたいなら、
そこではたらいている人に聞くのがいちばん。
質問の内容を考えたり、取材の約束を取りつけたり
など、どうすればいいのでしょうか。

事前にしっかり
予習して、
「取材の達人」に
なろうね！

みんなで話し合って
図にしてみよう

　図書館の仕事のくふうを調べようと思った
とき、いったい何からはじめればいいのかこ
まってしまいますよね。どんなことを聞いた

らよいのか、考えてみましょう。
　まずは、図書館と聞いて思い浮かぶことば
を、何人かでどんどん出して、紙に書いてな
らべてみます。そうしたら、それらのことば
どうしのつながりを考えて、下のような図（マ
ッピング）にしてみましょう。

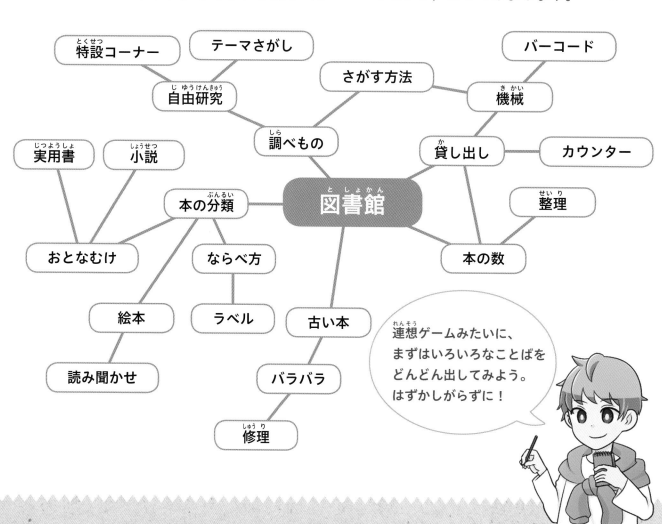

連想ゲームみたいに、
まずはいろいろなことばを
どんどん出してみよう。
はずかしがらずに！

4

具体的な質問を考えよう！

次に、そのことばについての疑問が出てくると思います。その疑問を解決するための答えをもらえるような質問を考えてみます。

質問は、

- いつ
- どこで
- だれが
- いくつ（どのくらい）
- どのように（どのような）
- なぜ、何のために

をおさえるようにして、具体的な内容にしましょう。

また、インターネットで図書館の仕事について調べたり、取材に行く図書館ではどんな特集やイベントをしているのかを事前に調べたりしておきましょう。より質問を考えやすくなりますよ。

考えた質問は、メモに書いて、聞きたい順番や、内容が近いと思う順番にならべておきましょう。

ポイント ! 疑問を質問に！

- 図書館には全部で何冊ぐらいの本がありますか？
- 図書館ではたらいている人はどんな仕事をしているのですか？
- 利用者に聞かれたり、本をたなにもどすとき、どうやって本の場所を調べているのですか？
- 利用者が本をさがすときに、見つけやすいくふうはありますか？
- 利用者が本を借りるときに、便利になるくふうはありますか？

質問はできるだけ具体的に。
「はい」「いいえ」で終わらないような質問内容にするのがポイントだよ！

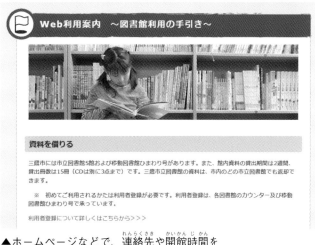

◀▲ホームページなどで、連絡先や開館時間を事前にチェック。利用のしかたについて案内しているページにも、なるべく目を通しておこう。

調べる前に　インタビューのしかた

質問を考えて、下調べもばっちり。
さあ、いよいよ取材です。でも、その前に
やることもたくさんあります。どんな
準備をするとよいか、見ていきましょう。

> インタビュー、
> 緊張しちゃうよね。
> でも、しっかり準備
> すればだいじょうぶ！

▍事前に取材の約束をしよう！

　取材のためにいきなり施設に行っても、い
そがしくて時間が取れなかったり、お休みだ
ったりするかもしれません。場合によっては、
迷惑をかけてしまうことにもなります。

　ですから、取材をお願いするときは、事前
に電話やメールで問い合わせましょう。てい
ねいなことばづかいで、はっきりと取材の目
的を伝えることがたいせつです。

　許可をもらって取材が決まったら、取材先
の施設の場所と取材日時を、先生や家族の人
に事前に伝えておくようにしましょう。

▲学校や家の近所にある場合は、いそがしくなさそうなときに
直接施設の人にたずねてみてもいいよ。

ポイント！　電話やメールで伝えること

自分の名前、学校名、学年、連絡先
質問の内容（「仕事でおこなっている
くふうを聞かせてください」など）
取材したい日時
取材に行く人数

> 電話をするときは、
> そばにおとなの人に
> いてもらおう！

グループで役割を決めよう！

1人や2人でも取材はできますが、できれば3～4人でグループを組みましょう。質問する人、メモを取る人、録音や撮影をする人というように役割を分担します。役割に集中することで、話が聞きやすくなります。

メモ役や録音役の人も、疑問に思ったことがあったら質問してもよいですが、話の途中にわりこまないようにしましょう。

メモを取る人

えんぴつ
ノート

レコーダー
カメラ

話を聞く人　　録音・撮影する人

インタビューの練習をしよう

実際に取材に行く前に、先生や友だちを取材先の人に見立てて、練習をしてみましょう。練習をしっかりやっておくと、本番で緊張したり、あわてたりせずにすみます。

基本的には、事前に考えておいた質問の順番に話を聞いていきます。話の流れの中で、別なことへの疑問が浮かんだら、今している質問の答えを聞き終わってから、あらためて質問をしましょう。

ポイント ! インタビューで注意すること

取材する人の目を見て話を聞こう

相手の話をさえぎらず、最後までしっかり聞こう

答えに対してわからないことがあったら、その場で確認しよう

ていねいなことばで話そう

終わったら、しっかりとお礼を言おう

ポイント ! インタビューの手順の例

1 あいさつ
こんにちは、わたしたちは○○小学校の3年生です。

2 インタビューの目的を説明
今日は、図書館の仕事のくふうについてお話をうかがいに来ました。

3 質問メモにそって質問

4 取材中に浮かんだ追加の質問

5 お礼のあいさつ
取材を受けていただき、ありがとうございました！

仕事のやりがいや
たいへんなことなど、
本だけではわからない
質問も聞けたらいいね。

図書館を調べよう

図書館は、その地域にくらす人が本を読んだり、借りたりできる公共の施設です。
みんなが気もちよく利用できるように、どんなくふうをしているのか調べてみましょう。

情報①　利用者の年代によってコーナーが分かれている！

　図書館には、子どもからおとなまで多くの人がおとずれます。さまざまな年代の人が読みたい本を見つけやすくするために、図書館の中は、おとなむけ、ヤングアダルト（中学生・高校生むけ）、子どもむけというように、それぞれ大きく分けられています。

　本だなは、子どもむけのコーナーとおとなむけのコーナーとでは高さがちがいます。子どもむけのたなは、子どもの目の高さに合わせて低くつくられたものや、本の表紙を見せてならべるたなを使って見やすくしています。

情報②　貸し出しや返却のほかにも図書館の仕事はたくさん

　図書館には、利用者のための総合カウンターがあります。そこには、つねに図書館職員の人がいて、はじめて図書館を利用するための登録、本の貸し出しと返却の手つづき、本に関する相談などを受けつけています。

　また、カウンターの奥には、職員が作業するための部屋があり、新しく置く本の準備や、きずついた本の修理がおこなわれています。そのほか、別の図書館へ貸し出し・返却する本の仕分けや整理、利用者から予約の入った本の保管もこの部屋でおこなうことがあります。

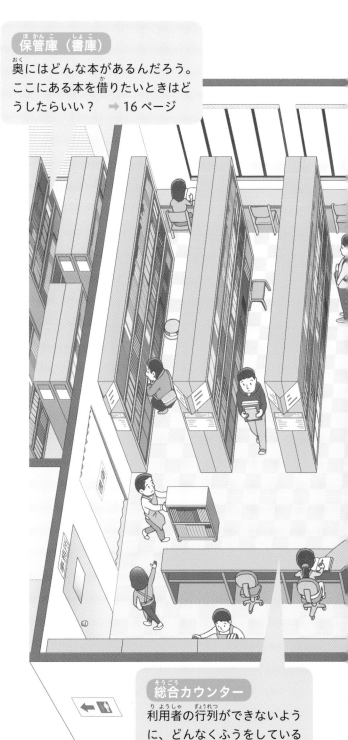

保管庫（書庫）
奥にはどんな本があるんだろう。ここにある本を借りたいときはどうしたらいい？ → 16 ページ

総合カウンター
利用者の行列ができないように、どんなくふうをしているのかな？ → 14 ページ

情報③ 少しでも本の貸し出しがスムーズになるように

　図書館によっては、本を借りる場合、カウンターではなく自動貸出機を使って手つづきをおこないます。自動貸出機とは、本についたバーコードやICタグ*を読みこむことで、かんたんに貸し出しの登録ができるというものです。

　このシステムのおかげで、利用者は好きなタイミングで本を借りることができます。

　　　　　　＊本の情報が電子的に記録してある小さなタグ（荷札）。

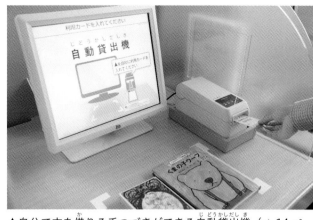

▲自分で本を借りる手つづきができる自動貸出機（➡ 14 ページ）。

子どもの本コーナー
絵本が多いコーナーでは、子どもが本を見つけやすいくふうがあるのかな？
➡ 11 ページ

本がいっぱいだね！ならべ方にはどんなルールやくふうがあるのかな。

視聴覚ブース

本をさがす

図書館 ➡

検索用パソコン
ここではどんなことが調べられるのかな？
➡ 14 ページ

本のならべ方のくふう

図書館を利用する人は、たくさんの本の中から読みたい本をさがさなければいけません。
さまざまな種類の本がどのようにならべられているのか、ルールやくふうを見つけてみましょう。

くふう 1 本はテーマによってグループ分けされている

図書館の本は、まず、おとなむけと子どもむけに分けられます。次に、本に書かれている内容やテーマごとにグループ分けされ、さらにそのグループの中で本の題名や作家の名前を五十音順にし、本だなにならべています。これは、利用者が読みたい本を見つけやすくしたり、図書館の職員が本を整理しやすくしたりするためのくふうの一つです。

図書館の本の背には、数字や記号の書かれたラベルがはられています。数字や記号は、本のテーマや内容をあらわすもので、ジャンル（種類）によってこまかくふり分けられています。こうした本の分類には、「日本十進分類法（NDC）」という方法が広く使われています。

背のラベルは本の「名札」のようなもの。書かれている番号は、本の「住所」のような役割をはたしていて、本をさがしたりたなにもどしたりするときの手がかりになります。どんな人でも本の場所がわかるようにするために、町の図書館だけでなく、学校などの図書館でもおこなわれているくふうです。

▲こまかくグループ分けされているおかげで、読みたい本のたながすぐにさがし出せる。

▲数字は本にわりふられた番号、カタカナの記号は書名の頭文字をあらわしている。

▲さしこみ式の表示で、「カブトムシ・クワガタ」についての本がどこにならべられているのかひと目でわかる。

ラベルの書き方は図書館によって少しちがったりすることもあるので、職員さんに聞いてみよう。

くふう 2 話題のテーマで みんなの読書欲をアップ！

　図書館では、みんなが興味のある話題や季節にちなんだ本を集めた、おすすめコーナーをつくっています。

　たとえば夏休み期間中には「自由研究」や「夏休みの宿題」をテーマに、生きものの図鑑や理科実験の本、読書感想文におすすめの本などをたくさんそろえて、みんなの目につきやすいカウンターの近くにコーナーや本だなをつくります。また、クリスマスの季節には、サンタクロースやクリスマスについて書かれた物語や、ケーキづくりの本をならべたりもします。

　おすすめコーナーをつくることは、図書館をおとずれた人たちにとって、ふだんは手に取らないような本を知るきっかけや、読書の楽しさにふれるきっかけにもなっています。このような取り組みは、できるだけ多くの本に出会ってもらうためのくふうとして、多くの図書館で積極的におこなわれています。

▲「みのりの秋」にちなんで、野菜やくだものをテーマにした絵本を集めたコーナー。

▲おすすめコーナーの本をまとめた冊子。コーナーの近くに置いておくと、これを見た人が次に借りる本の手がかりになるというくふうだ。

▲図書館によっては、みんなの住む町になじみのある本を集めたコーナーなどもある。

読書感想文や自由研究になやんだときは、図書館に行くのがいちばんだね！

新しい本が入るまでの流れ

私たちのくらす日本では、毎日のようにたくさんの本が出版されています。図書館の職員は、いつ、どのようにして新しい本をえらんで図書館に置いているのでしょうか。

くふう3 週一回の会議で新しい本を買うか決める

日本では、年間7万点以上もの本が出版されています。しかし、図書館が本に使えるお金と本だなの数にはかぎりがあり、すべてを買うことはできません。そのため、定期的に会議をひらいて、新しく買う本を決めています。

図書館は、町の本屋さんや、図書館を専門に本を売る会社から本を買っています。担当の職員は、新しい本のリストや見本の内容に目を通して、買いたい本をリストアップします。

そのほか、館内にリクエスト用紙を設置して、利用者からの要望も受けつけています。リクエストがあった本は、担当者が買うべきかを考え、必要だと思った本は、会議のリストに加えます。

会議では、すでに図書館に置いてある本や予算とのバランスを考えながら、新しく買う本の決定をおこないます。

くふう4 新しい本はデータを入力し保護フィルムをはる

買うことが決まり、注文した本がとどくと、注文した本にまちがいがないか、また、本がよごれていたりしないかチェックします。問題がなければ、図書館のパソコンに新しい本のデータを入力します。

このように本のデータ登録をしておくことで、図書館にどんな本が何冊あるのかがひと目でわかり、管理がかんたんにできるのです。

また、新しく入った本には、表紙カバーの上から保護用の透明フィルムをはります。これは、表紙カバーがやぶれたり、よごれたりするのをふせぐためにおこなう、図書館ならではのくふうです。

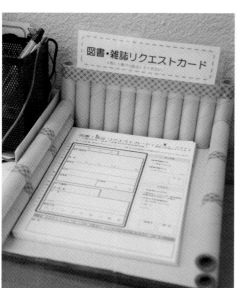
◀図書館に置いてほしい本を書くリクエスト用紙。利用者がどんな本を読みたいかを知るための方法だ。

▲きれいにはるコツは、表紙と保護フィルムのあいだに空気が入らないように注意しながら作業すること。

取材した図書館ではどんな本のリクエストがよく来るのか、聞いてみよう！

12

くふう 5 新しい本が入ったことを利用者にお知らせ！

新しい本が入ると、まずは「新刊コーナー」のたなへ置かれます。これは、利用者に新しい本が入ったことを知らせて、手に取りやすくするためです。しかし、大きな賞を取って話題となった本や人気の高い本を新しく買った場合は、読みたい利用者が多いことを考えて、「一定の期間内は図書館内での読書のみ」というルールをもうける図書館もあります。

また、おすすめの本と同じように、その年に入った新しい本のリストを利用者に知らせる図書館もあります。たとえば子どもむけの本だと、学年別に新しく入った本の表紙とかんたんなあらすじを紹介する冊子をつくります。それを見れば、自分の学年に合った新しい本を見つけられるようにしているのです。

▼▶その年に入った新しい本を学年別に紹介。あらすじと表紙がのっているから、読書感想文用の本えらびにも便利だ。

図書館と町の本屋さんとで、新しい本が入ったときのくふうがちがうのかも気になるね。

▲新しく入った本は、ふつうの本だなと区別してあり、利用者にもわかりやすい。

利用しやすい図書館づくり

図書館では、毎日たくさんの本が貸し出し・返却されます。利用者が時間をかけず
かんたんに手つづきができるよう、どんなしくみをつくっているのでしょうか。

くふう 6 本のことはすべてコンピューターで管理！

これまでの図書館カウンターには、本の貸し出し、返却、新しく利用したい人の登録、本についての質問や相談など、たくさんの役割がありました。しかし、かぎられた職員の人数で、すべてのことに対応するとなると、多くの時間や手間がかかってしまい、利用者の人たちを待たせてしまうことが考えられます。

そのようなことがないように、最近では本の管理にコンピューターを取り入れる図書館がふえています。図書館にあるすべての本のデータをコンピューターに記憶させることで、貸し出しや返却の手つづきや、借りたい本の場所をさがすことが、カウンターを通さずかんたんにおこなえるようになりました。

また、このコンピューター管理のおかげで、利用者は、家からでも借りたい本の検索や予約ができるようになり、わざわざ図書館へ電話で問い合わせをしたり、足をはこんで調べたりする手間が少なくなりました。

▲すべての本のデータをコンピューターで管理しているおかげで、利用者からの本の質問や問い合わせにもすぐに対応できる。

▲館内の検索用パソコンでは、さがしている本のタイトルや作者の名前を入力すると、図書館のどのたなにあるか知ることができる。

▲ホームページからでも本の検索ができるので、家にいても本をさがしたり予約できたりする。

くふう 7 カウンターの役割を分散させて、さらにいい図書館づくりに集中！

コンピューターで管理することで、自動貸出機コーナー、返却用ポスト、検索コーナーなど、利用者が一人で手つづきができる場所がふえ、カウンターに利用者の行列ができることも少なくなくなりました。

ほかには、利用者が予約した本だけが置かれる本だなコーナーを入り口の近くにつくることで、予約した本の受け取りをかんたんにするくふうなどもあります。

このように、カウンターの仕事をへらすことで、職員の人たちは、新しい本えらびや本の整理、読み聞かせなどのイベント企画、いたんだ本の修理など、図書館をよりよく利用してもらうための作業に集中して取り組むことができるようになりました。

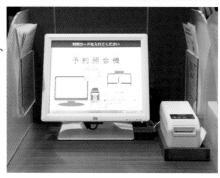

▲▶予約本だけがならぶ本だな（上）から本を見つけて、自動貸出機で手つづきをするので、利用者は一度もカウンターへ行く必要がない。

くふう 8 どんな人にも気もちよく図書館を利用してもらうために

検索機などでは解決できない質問をしたいとき、保管庫（書庫）にある本の貸し出しなどをしたいときは、カウンターにいる職員にたずねましょう。そのために、図書館のカウンターには、つねに職員がいるようにしています。

また、目や耳などが不自由な人も便利に図書館を利用できるくふうもしています。たとえば、カウンターに筆談用の筆記用具などをつねに用意しています。そのほか、本の文字を大きくうつして読みやすくする機械や、文章を自動で読み上げる機械などを置いています。

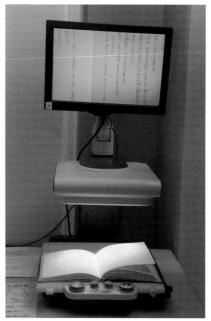

◀本に書かれた文字を画面に大きくうつし出す機械。白と黒を逆にうつしたりすることもでる。

図書館を利用するのがむずかしい人のためにどんなくふうがあるか、聞いてみるのもいいね。

▶耳が不自由な人が職員に質問するときなどに使う筆談ボード。

15

本を長もちさせるくふう

長い時間、多くの人に読まれた本は、いたんでしまいます。本をできるだけよい状態で読んでもらうために、図書館ではどんな保存や管理をおこなっているのでしょうか。

くふう 9 保管庫で本を休ませてよい状態にたもつ

図書館には、館内で自由に見ることができる本だなのほかに、保存用の保管庫（書庫）があります。ここは、背の高い大きな本だながならんでおり、ジャンルごとにたくさんの本がおさめられています。これらの本はカウンターで手つづきをすれば、自由に読むことができます。

保管庫には、貴重な本や資料、長い時間がたって内容が古くなったりいたみが目立ったりしてきた本、とても専門的な内容で借りる人が少ない本などがおさめられています。

図書館では、つねに本の状態や人気、本だなにならぶ本のバランスなどをチェックし、定期的に本を入れかえています。本を保管庫に入れることは、本を休ませて、できるだけよい状態でたもちつづけるためにも必要なくふうです。

▲保管庫には、通路のはばを自由に調整できる「可動式」のたながある。たなを動かせる分、多くの本を置くことができる。

▲保管庫で作業する職員は、本を落としたり、紙で手を切ったりしないように、手袋をつけて作業する人が多い。

保管庫の中ではどんなくふうをしているのか、職員の人に聞いてみよう。

くふう 10 いたんだ本は図書館の職員が修理をしている

図書館の本は、多くの人が手にするため、ページがやぶれたり、しわになったりすることがよくあります。いたんだ本をそのままにしてしまうと、本がどんどんぼろぼろになってしまい、貸し出しができなくなってしまうため、早い段階で修理をしないといけません。

図書館の職員は、利用者から本が返却されたときに、本の状態をチェックします。もし、ページの一部がやぶれていたり、よごれていたりしているのを見つけた場合、本だなにもどさず、職員の手によって修理をおこないます。

本の修理は、いたみ具合によってさまざまな

▲本を修理する道具や材料。接着剤だけでもボンド、水のり、固形のりの3種類もあり、修理する部分によって使い分けている。

道具を使い分けておこないます。修理用としてお店で売られている材料や道具を使うこともありますが、本を知りつくした職員の経験や知識によって手づくりされた特別な道具もあります。

◀▲ページとページがやぶれてしまいそうな本は、つなぎ目にそってふででのりをのせて、板で本をギューッとはさむ。のりがかわいてページが接着されるまで時間を置く。

図書館ではたらく人ならではの、修理のいろいろなテクニックを教えてもらおう。

▶全部のページがばらばらになってしまった本はもう修理ができないので、残念ながら捨てられてしまう。

図書館を身近に感じてもらうくふう

できるだけ多くの人に利用してもらえるように、図書館ではどんなくふうをしているのでしょうか。図書館でひらかれているイベントなどの取り組みにも目をむけてみましょう。

くふう11 子どもの成長に合わせたおはなし会をひらく

その地域でくらす人にもっと足をはこんでもらえるよう、多くの図書館では定期的にイベントをひらいています。まだひとりで本を読めない赤ちゃんや子どもたちのためにおこなう「おはなし会」も、そうした図書館の取り組みの一つです。

子どもは、年齢によって楽しいと感じるポイントがちがいます。そのため、赤ちゃんむけの

おはなし会では親子で楽しむ手遊びや歌を中心に、小さな子どもむけには絵本や紙しばいの読み聞かせをするなど、内容をかえるくふうをしています。

おはなし会は図書館の人だけでなく、地域のボランティアの人がひらくこともあるんだって。

▲図書館では、ふつうの絵本だけでなく、読み聞かせ用の紙しばいや大型の絵本も貸し出しししている。

▶おはなし会のようす。全国の多くの図書館で、積極的におこなわれている。

図書館のお祭りで地域を元気に！

　当館では年に一度、図書館フェスタというお祭りをひらいています。そこでは、図書館内を探検するツアー、実際に本の修理をするところの実演、本にまつわるクイズ大会など、おとなから子どもまで、さまざまな年齢の人が楽しめるもよおしをたくさん用意しています。

　このようなイベントによって、地域の方に図書館をより身近に感じてもらえたらうれしいです。

◀図書館ツアーのようす。

▶おすすめ本の紹介のしかたをきそう「ビブリオバトル」。

（公共図書館職員）

くふう 12 たくさんの本をつんで地域をまわる移動図書館

　図書館から少しはなれた場所に住む人や、さまざまな理由で本を借りに行くことができない人のために、「移動図書館」という取り組みをおこなっている図書館もあります。

　移動図書館とは、数千冊の本をつめるように改造したトラックやバスなどの車で、地域をまわって本の貸し出しをするサービスです。これによって、お年よりの人や小さな子どものいるお母さんなど、ふだんあまり外出できない人でも、気軽に本を借りられるようになりました。

　利用者の年齢によって、読みたい本の好みはちがいます。そのため移動図書館では、さまざまなジャンルの本をそろえたり、定期的に本の入れかえをしたりして、地域をまわっています。

同じ地域の人どうしが、本を通して知り合うきっかけになるかもね！

▶移動図書館。外側だけでなく車の中にもたながあり、ずらりとたくさんの本がならんでいる。

取材結果をふりかえろう

図書館の人への取材で、いろいろな話を聞くことができました。次は、その結果をあらためてグループで話し合って、思ったことやわかったことをまとめましょう。

取材したことをわすれてしまわないように、なるべく早めにしようね！

取材の結果を話し合おう

みんなでそれぞれ、思ったことを話し合いましょう。まずは、話がバラバラにならないように、取材したときの流れを書き出して、見学した場所や話を聞いた順番を整理していきます。取材した順番でテーマごとに話し合うと、そのときに感じたことを思い出しやすいです。

ほかの人が思ったことや気づいたこともメモに書いておきましょう。新しい発見や疑問が見つかるかもしれません。

ポイント

！ こんなことを話してみよう

どんなことを聞いたか

施設の人の回答

自分が思ったこと、感じたこと

特にすごいと思ったくふう

取材前に考えていたことと、実際に取材してわかったことのちがいを話し合ってもおもしろいね。

取材メモをカードにまとめる

　取材で聞いた話や取材後の話し合いでほかの人から出た意見をメモに取りましたね。報告文にまとめるために、そのメモを整理していきましょう。小さなカードに書き出していくと、見くらべたり、テーマごとに分類しやすいので、わかりやすくなります。あとから文章にするときにならべかえて使えるので、とても便利です。

　たとえば、図書館の取材では、仕事の種類や場所ごとにカードをつくってみてもいいでしょう。

ポイント

！ カード化のコツ

- メモを見て、思い出しながら書きこむ
- 短い文章でかじょう書きにしてまとめる
- 共通する話やくふうを赤ペンやマーカーなどでチェックする
- 報告文に書くことを考えながらカードをつくる

カードにしてまとめることで大事なポイントが見えてくるね！

本の整理
・本の内容やテーマごとにグループ分けし、さらにこまかく分類する。
・記号や数字が書かれたラベルでふり分ける。
・ラベルの書き方は図書館ごとにちがう。

本の貸し出し
・カウンターで係の人が貸し出しと返却の手つづきをする。
・利用者に便利な自動貸出機を置いている図書館もある。

本の修理など
・新しい本の表紙に保護フィルムをはる。
・古くなった本はのりなどで修理する。
・古い本は保管庫に移してたいせつに保存する。

文章にまとめて報告しよう

まとめる

次は、報告文を書く準備に移りましょう。つくったメモやカードをもとにして、取材結果を整理し、伝えたいことや文章の組み立てについて考えていきます。

> ほかの人にわかりやすく伝えるためには、ここが大事な作業なんだ。

表にして整理しよう

報告文でたいせつなのは、取材先のことや、仕事のことをよく知らない人にもわかりやすく伝わるように、順序立てて文章を組み立てることです。

いきなり文章にするのはむずかしいので、報告文を書く前に、カードをもとにして、「疑問に思ったこと」「実際に聞いたこと」「そのときに感じたことや考えたこと」のように分類して、表をつくってみましょう。あとで文章にまとめるときに役立ちます。

疑問に思ったこと	聞いたこと	考えたこと
利用者はどうやって本をさがすの？	テーマや内容、作者名ごとにグループ分けしている。コンピューターでさがすこともできる。	家からでも本の検索や貸し出しの予約をすることができるんだって。とても便利！
子どもむけの絵本は低い位置にあるけど、なぜ？	子どもの身長に合わせて、低い位置に置き、表紙がよく見えるようにしている。	表紙が見えていると「読んでみたい」と思う本が見つかるかも！
なぜ、おすすめのコーナーをつくっているの？	みんなが興味のある話題にちなんだコーナーをもうけることで、多くの本にふれてもらいたいから。	ふだんは読むことのない本でも、興味がわいてきて読みたくなるね。

> 疑問、答え、感想が見やすくまとまってきたね！

文章の組み立て方

いよいよ、報告文を書いていきます。

今回は、

・調べた理由

・調べた方法

・調べてわかったこと

・まとめ

の4つの段落に分けて考えてみましょう。

はじめに、なぜその仕事や施設を取材しようと思ったのか、どんな疑問をもったのかを書くと、読む人の興味を引きます。次にどんな方法で調べたのか、どんな人に話を聞いたのかを書きます。

そして、実際に取材に行ってわかったことや学んだことを説明していきます。ここが報告文の中心となります。読む人にわかりやすく、しっかり書くため、文章はいちばん多くなります。最後は感じたことや自分の意見を書いて、まとめにしましょう。

読みやすさに加えて、読み手に報告文の内容が伝わる表現を考えてみよう。

ポイント！ 文章を書くときの注意点

その施設や仕事のことをよく知らない人が読むことを考えて、ていねいに説明する

文章の量によっては入れる内容と入れない内容をえらぶ

「です・ます」または「だ・である」など、文章の最後をそろえる

同じ話をくりかえさないように気をつける

ポイント！ 書き方のヒント

見たことがない人にも伝わるように、具体的に書こう
（例）「図書館には古くなった本などを保存する保管庫があります。大きな本だながピッタリとくっついてならんでいて、ボタンをおすとたなごと移動して、通路が出てくるしくみです。」

読み手に疑問を投げかけてみよう
（例）「図書館の本の表紙には透明なフィルムがはられています。どうしてでしょうか？」

絵や写真をじょうずに使おう
文章だけでは伝わりにくいと思った点は、写真や図、表などを入れるとわかりやすくなる。たとえば、図書館では館内の写真や見取り図などを入れると読み手に伝わる報告文になる。

色や形などのようすを正確に伝えたいときは写真を使うととても効果的だよ。

図書館を取材したまとめ

いよいよ、発表のときが近づいてきましたね。報告文の確認と仕上げに取りかかります。実際の報告文の例を見てみましょう。

ここがうでの見せどころ。くふうや魅力をまとめよう。

報告文のコツ

報告文でいちばんたいせつな点は、わかりやすさです。これまでに書いたカード、表、撮影した写真などをならべて、見たこと、聞いたこと、思ったことを順序立てて、書いていきましょう。

読み手の気もちになって書くんだね。

図書館の仕事のくふう

名前　〇〇〇〇

1、調べた理由

　わたしは本が大すきです。休みの日には図書館にも行き、本をさがしたり、読んだり、かりたりしています。たくさんの本がある図書館には、どんなくふうがあるのか知りたいと思い、調べてみました。

2、調べたほうほう

　学校の近くにある〇〇市立〇〇図書館に行き、しょくいんの〇〇さんにお話をうかがいました。

3、調べてわかったこと

(1) 本をグループ分けする

　図書館では、本をおとなむけ、子どもむけに分け、その中でもないようやテーマごとにグループ分けをしています。本を見つけやすくするくふうの一つです。図書館の本にはラベルがついています。ラベルには数字や記号が書かれていて、これは本

まとめた文を見直そう

　まとめた文を読み直し、まちがいなどがないか、確認します。声に出して読むと、まちがいを見つけやすくなります。また、発表の前にグループでおたがいの報告文を読んで、感想を出し合うのもいいでしょう。自分だけでは気づけなかったまちがいや、もっとよくするためのポイントを仲間が見つけてくれることもあります。

ポイント
！タイトルは大きく

タイトルや見出しを大きくすることで見た目にメリハリが出ます。

ポイント
！できるだけ具体的に

「いろいろ」ということばは使わずに、取材に行ったからこそわかったことをくわしく書きましょう。

　の住所のやくわりをはたしています。住所が決められていることで、コンピューターで本の場所をさがすこともできます。また、本につけられたバーコードやICタグによって、かし出しもスムーズにできるようにくふうされています。

ポイント
！写真や図も使おう

写真や図、表などを入れることで読み手に伝わりやすくなります。

(2) とくしゅうコーナー

　夏休みの自由研究に役立つ本など、図書館ではさまざまなとくしゅうコーナーをつくっています。本を通じて新しいちしきにふれ、多くの人に本を好きになってもらう取り組みです。

ポイント
！まとめはわかりやすく

どんなくふうがあったのか、感想などをわかりやすく書きましょう。

4、まとめ

　しゅざいを通して、図書館には本を整理したり、本を好きになってもらうためのくふうがたくさんあることがわかりました。また、古くなった本をしゅうりするのも仕事の一つです。みなさんも、図書館の本はていねいにあつかいましょう。

次は
警察署を取材
してみよう！

警察署を調べよう

私たちのくらす町には、かならず警察署や交番があります。私たちの安全安心な生活を守るために、警察官はどんなくふうを取り入れてはたらいているのでしょうか。

情報① 警察官は日本の人びとの安全安心を守る公務員

そもそも「警察」とは、地域やそこでくらす人びとの安全を守るためにつくられた組織です。そこではたらく警察官は、警察法などの法律のもと、地域の安全安心を守る公務員として、仕事をしています。

警察官になるには、まず警察官採用試験に合格し、警察学校で法律や警察官に必要な知識を学びます。その後、卒業試験や検定があり、それに合格すると、晴れて警察官になることがゆるされます。

情報② さまざまな事件や事故にすばやく対応する

警察官は地域の人を守るために、どんな事件や事故にもすばやく対応しないといけません。そのため、警察署では役割別に課や係をつくっています。

たとえば、交通事故の対応や捜査、交通ルール違反の取りしまりをする「交通課」、交番に勤務し、地域のパトロールや迷子の保護などをおこなう「地域課」、事件の捜査や犯人の逮捕などをする「刑事課」などがあります。

警察官たちはさまざまな仕事の専門家として、すばやく的確な判断のもと、事件や事故の防止や対応にあたっています。

警備課
お祭りの警備の相談をしているようす。どんな警備をするのかな？
➡ 34 ページ

交通課
交通整理をする警察官は、服装などにちがいはあるのかな？ ➡ 32 ページ

交通課

地域防犯講習

情報 ③ 許可証の発行や落としものの受けつけなども警察署の仕事

　全国の市区町村にある警察署には、事件や事故の対応のほかにも大事な役割があります。

　それは、お祭りや工事で道路を使うための許可の受けつけ、免許証の更新や住所がかわった場合の変更手つづきや、落としものの管理などです。警察署の中に入ると、それぞれの窓口があり、担当の警察官が対応しています。

▲警察署では犯罪や事件をあつかっているため、一般の人が入れない場所が多い。どこまで見せてもらえるのか、取材の前に確認しておこう。

刑事課
制服を着ていない警察官もいるね。理由があるのかな？ ➡ 33 ページ

警察官が仕事をする場所は、警察署の中だけじゃない。警察署の人にインタビューしてから、取材する範囲を決めよう。

刑事課

会計課　総合受付　免許更新

窓口
落としものの引き取りの窓口だね。どんな手つづきをするのかな？ ➡ 28 ページ

○○警察署

交通安全　交通安全

警視庁

地域課
交番からもどってきたみたい。どんな仕事があるのかな？ ➡ 30 ページ

くらしを守る警察署の窓口

警察署の窓口では、許可証や証明書の発行、落としものの問い合わせや地域トラブルの相談を受けています。それぞれの対応には、どんなくふうがあるでしょうか。

くふう 1 目的別の窓口をつくって混雑や混乱をふせぐ

警察署の役割は、事件や事故の捜査や解決だけではありません。運転免許証の更新や住所の変更、道路を交通以外で使う場合の使用申請、さまざまな許可証の発行、落としものの受けつけ、住民トラブルの相談など、さまざまな仕事をしています。

もし、窓口が一つしかないと、すぐに行列ができてしまい、多くの人たちが長い時間待たされてしまいます。人によって警察署へ来る目的もばらばらなので、仕事をする警察官も混乱し、ミスをしてしまうかもしれません。

そのような失敗をふせぐため、警察署では、目的別の窓口をつくり、一か所に人が集中しないようにしています。おとずれた人に目的の窓口がわかるように、それぞれの窓口の近くには大きな看板をかかげている警察署もあります。

▲総合案内では、目的に合う担当の窓口を教えてくれる。警察署によっては、発券機で番号を発行して順番により出しをおこない、こみ合わないくふうしているところもある。

写真提供：兵庫県警察

▲どの窓口へ行けばいいかわからない人のために、総合窓口をもうけている警察署もある。そこでは、警察署の事務を担当する警務課の人が案内をしている。

写真提供：静岡県清水警察署

目的によって窓口を担当する課はちがうよ。それぞれの窓口はどの課の警察官が担当しているのか、理由も聞いてみよう。

くふう 2 免許証や落としものの情報をコンピューターでデータ管理

　日本には運転免許証をもっている人がたくさんいます。運転免許証にはその人のいろいろな情報が入っていて、管理されています。たとえば、東京都から沖縄県へ引っこした人が、住所変更の手つづきをするとします。沖縄県の警察署のコンピューターで運転免許証番号を検索するだけで、すぐに東京都で登録していた住所や名前をさがすことができます。

　また、各地の警察署にとどけられた落としものの情報をデータ化し、署内の人だけでなく一般の人も検索できるサイトを公開しています。こうしたくふうは、窓口の作業をおさえ、手つづきにかかる時間を短くするために、たいへん役に立っています。

くふう 3 世界各国の人びとにも対応できる窓口づくり

　日本は世界有数の観光地として、海外から毎年多くの旅行者を受け入れています。そうなってくると、旅行におとずれた外国人が、道にまよったり、大事な物を落としたりして、地域の警察署に相談に来ることもふえてきます。

　英語や中国語を話せる警察官が対応することもありますが、彼らがつねに署内にいるとはかぎりません。また、あまりなじみのない言語を話す国の人がおとずれることもあります。

　そんな場合にそなえて、「通訳センター」がもうけられています。もし、外国人との会話ができない場合、警察官はセンターの通訳者を通してコミュニケーションを取ることもあります。

　外国人観光客や日本在住の外国人への対応は、これからもどんどんふえていくと予想されています。そのため、新しいくふうや対応方法などが考えられています。

▲東京都の警視庁では、落としものが警察署にとどけられているかどうかすぐにわかる検索システムを整備している。　　　　警視庁ホームページより

▲外国人が多い地域の交番に、外国語を話せる警察官がいつもいるようにしている警察署もある。

取材する警察署には、外国語を話せる警察官がいるかな？　どんな相談があってどんな対応をしたのか、聞いてみるのもいいね。

29

交番の警察官のくふう

学校や住宅地の近くには、たいてい交番がもうけられています。
地域の人の安全を守るために、交番ではどんなくふうをしているのか調べてみましょう。

くふう 4 24時間体制で地域の安全を見守る！

私たちのくらしのもっとも近くにいる警察が「交番」です。地域に住むすべての人が安心してくらせるよう、一定のエリアごとに交番がもうけられています。そして、24時間、地域に住む人たちの安全を守るために、地域課に所属する警察官が交代制ではたらいています。

交番のおもな役割は、まよった人の道案内、とどけられた落としもののあずかり、子どもやお年よりの保護、地域のトラブル相談への対応などがあります。

また、地域で事件や事故の通報があったときには、まっさきに現場にかけつけるのは交番の警察官です。住人への聞きこみをしたり、証拠がなくなってしまわないために現場の保存をしたり、一般の人が現場に入らないように警戒をしたりします。

交番のおもな役割と仕事

道案内

地域パトロール

見守り活動

交番前での警戒

交番の警察官は、渋滞にまきこまれないように自転車で移動するんだって！

▲駅前のように人通りの多い場所の交番には、つねに何人かの警察官が、さまざまな仕事をおこなっている。地域の交通量や住民の数によって、交番にいる警察官の人数もちがう。

⑤ パトロールの目的とくふう

交番のたいせつな仕事である地域のパトロールには、いくつかの目的があります。

まず一つめは、あやしい人がいないかどうかの確認です。もし、少しでもあやしいと思う人がいた場合は、よび止めて質問をして、危険性がないかどうかを調べます。

次に、交通事故をふせぐための見まわりです。事故の多い道路や交差点に日ごろから立ちより、歩行者に声かけをおこないます。多くの人に、事故のおきやすい場所だと伝えて、より注意してもらうためのくふうです。

最後は、地域の地理をつかんでおくためです。交番の警察官は事件や事故の現場に、いちばんに到着していないといけません。事件発生のときは、むだのない道順を通っていち早くかけつけるのです。

▲事件がおきてからではおそいので、職務質問は慎重におこなわれる。写真は訓練のようす。

警察官は、町のどの道がどこにつながっているかにとてもくわしいんだ。

⑥ 地域の人の家をたずねて交流を深める「巡回連絡」

交番の警察官は、担当する地域の人びとのくらしを守るために、どの家にどんな人が住んでいるかを知っておかないといけません。

そのために、地域の家庭をまわって住民たちと会話をする「巡回連絡」をおこなっています。巡回連絡では、特にお年よりだけの家をたずね、犯罪にまきこまれない対応や心がまえ、災害時の避難方法などを指導します。

また、地域の人に巡回連絡カードへの記入をお願いしています。このカードには、家族の名前や住所のほかに、はなれてくらす親せきなどの連絡先を書いてもらいます。万が一にそなえて、緊急時の連絡先などを知っておくことは、地域に密着している警察官ならではのたいせつなくふうです。

▲巡回連絡は、一般の家庭だけでなく、会社やお店に行くこともある。

人びとの安全を守るくふう

警察官の仕事と言われてまず思いうかぶのは、事件・事故の捜査や対処かもしれません。
交通課や刑事課には、それぞれどんなくふうがあるのでしょうか。

くふう 7 事故の原因にもとづいた交通事故防止に取り組む

交通事故をなくすためにはたらいているのが、「交通課」の警察官です。市民への交通ルールの指導やルールを守らない人の取りしまり、市民が安全に通行できる道路環境をととのえることなどが、おもな仕事です。

交通課の警察官は、まず地域でおきた交通事故の原因や理由を調べます。その結果にもとづいて、交通事故がおきやすい交差点に信号機や横断歩道をもうけたり、交通事故が多い時間や場所に白バイやパトカーでパトロールし、交通違反の取りしまりをおこなったりしています。

また、子どもに正しい横断歩道のわたり方を教えたり、自転車利用者に安全な乗り方を指導したりするのも交通課の警察官です。最近では、

防犯カメラや自動車についているドライブレコーダーなどの機器も、交通事故の原因調査に役立てています。

地域の交通安全イベントをひらくこともあるよ。近くであったら行ってみてもいいね。

▲飲酒運転を取りしまる検問のようす。夜でもよく見えるように、光を反射する素材のベストや腕章を身につける。

▲自転車の交通ルール違反の取りしまりなども、交通課の警察官の仕事。

くふう 8 犯人にわからないように ふつうの服と車で捜査をする

地域でおこった殺人、強盗、傷害などの犯罪事件の捜査から、犯人の逮捕、暴力団の取りしまりなどを担当しているのが「刑事課」です。

刑事課は、ふつうの警察官の制服を着ません。なぜかというと、捜査で聞きこみや尾行をするときに制服を着ていると、犯人に警察官だと警戒されて逃げられてしまうからです。もちろん、移動用の車もパトカーではなく、ふつうの乗用車のような車に乗っています。

事件がおきたときは、現場へむかうスピードがたいせつです。まだ現場の近くに犯人がいる可能性が高く、時間がたってしまうと足あとや指紋などの証拠が消えてしまうかもしれないからです。そんなときは、近くの交番の警察官が先に現場へむかい、現場の保護をおこないます。

また、場合によっては、車にパトカーのランプをつけ、サイレンを鳴らして、一般の車に道をゆずってもらいながら現場へむかうこともあります。

> 制服を着ている警察官にも刑事にも、警察手帳はなくてはならないものの一つだそうだよ。

▲制服を着ていない刑事は、聞きこみなどのときに自分が刑事であることを証明するために、警察手帳を携帯している。

▲刑事課には、指紋や足あとなどの証拠を集めて調べたりする「鑑識係」も所属している。

お仕事インタビュー

警察官の強さは一日にしてならず！

私たち警察官は、警察学校で「逮捕術」という武術をならいます。自分と犯人どちらもが、けがをせずに犯人をつかまえる、警察官ならではの技術です。

警察署の中には道場があります。つねにベストな状態で犯人に立ちむかえるように、私たちは毎日、道場で剣道や柔道の練習や訓練をおこなう時間を取っています。このような毎日のつみ重ねで、犯人に負けない強い体をつくっているのです。

◀警察署内の道場でおこなう逮捕術の訓練。

（警察署　刑事課警察官）

警備や警護のくふう

お祭りやパレードのような、たくさんの人で混雑する場所の警備も、警察官がおこなう仕事の一つです。一般の警備会社がおこなう仕事と、どんなちがいがあるのでしょうか。

くふう 9 どんな小さな不安のタネも見のがさず、対策をねる

　警備会社がおこなう警備と、警察署の「警備課」がおこなう警備には、大きなちがいがあります。警備会社は、ルールを守らない人を取りしまったり、逮捕したりすることはできません。警察官である警備課にはそれができるので、より重要度の高い警備を担当するのです。

　おもにパレードや集会、初もうでや花火大会など、人が集まる場所での警備をします。また、大臣や外国の重要人物を危険から守るのも、警備課の仕事です。警備の方法は、どんなイベントがどこでひらかれるのか、そのときどきでちがいます。万全な警備をするために、本番の何か月も前から準備をします。

　まず、事故につながりそうな小さな不安や危険性を、すべて書き出します。どう対応するか、被害が出ないようにする対策を考えて、それをマニュアルにまとめます。そのマニュアルをもとに、訓練や予行演習をおこなうのです。

事故がおきてからではおそいから、おきる前に準備をしておくことが何よりたいせつなんだって。

▲花火大会の警備をする警察官。大規模なイベントの場合は、ほかの課の警察官も集まって、警備に協力することがある。

▲アメリカ大統領のような外国の重要人物が日本にやってきたときの警備も、警備課のたいせつな仕事だ。

くふう 10 災害警備は同じ地域の役所や消防署と協力

　警備課の警察官は、地震や台風のような自然災害のときにも出動し、地域の人を避難所へ案内したり、けがをした人や建物に取りのこされた人を助けたりしています。

　災害警備は、警察署が担当する地域によって、警備の方法がちがってきます。

　たとえば谷の多い地域は、大雨がふったときに浸水がおきやすくなります。一方、斜面の多い地域は土砂くずれがおきたり、地盤の弱い場所は地面がしずんだりすることがあります。そういうことが実際におきたときにどうすればいいのか、また、おきないためにどんな準備をすればいいのかなど、地域の役所や消防署と話し合います。

　しかし、どんなに時間をかけて対策を考えて準備をしても、予想外の事態がおきることもあります。そのような場合にそなえて、警備課はつねに多めの人員を確保しています。

▲大きな災害がおきたときには、地域にかかわらず全国の警察官が災害警備に参加することもある。

▲災害警備の訓練のようす。役所や消防署、地域の会社や住民などといっしょにおこなうこともある。

自然災害がおきたとき、警備課の警察官も活躍してくれているんだね。

お仕事インタビュー

警備終了後は記録にのこし次回の警備にそなえる

　私たち警備課にとって過去のデータは、とても価値のある資料になります。警備が終了すると、かならずそのときの状況やできごと、どんな対策を取ったのか、よかった点や悪かった反省点などを記録にのこします。

　このように地道に記録を取ることで、今後の対策のヒントにつなげて、以前よりも安全に警備をおこなうことができるように心がけているんですよ。

（警察署　警備課警察官）

取材結果を くらべよう

しゅざいけっか

まとめる

図書館につづき、警察署の取材も終わりましたね。
今度は図書館と警察署をくらべて、仕事の目的に
応じた「しくみ」や「くふう」を見ていきましょ
う。

> 図書館はみんなに
> 本を貸し出す施設
> だったね。

警察署の取材結果について

図書館での取材と同じように、警察署の仕
事とくふうをまとめてみましょう。グループ
で話し合い、取材メモを見ながら、警察署の
特徴をかじょう書きにして書き出していきま
す。警察署では部署ごとの仕事の内容などを
まとめると、警察署の仕事全体が見えてきや
すくなります。

あとで、警察署と図書館の仕事の「目的」
や「そのためのくふう」をくらべていくので、
そのあたりも意識しておきましょう。

> 警察署では、役割ごとに
> 仕事の内容が大きくち
> がっていたね。

ポイント ！ 警察署の特徴

地域や社会全体の安心・安全を守る仕
事

役割別に「〇〇課」や「〇〇係」をつ
くり、仕事を分担している

窓口では車の免許証の住所変更や道
路使用の許可証などの発行をしている

外国の人に対応する通訳センターがあ
る

事件のときに犯人をつかまえるため、
日ごろから体をきたえている

地域課の仕事

・交番で 24 時間体制
　で安全を守る
・防犯パトロールや見
　守り
・地域の家庭をたずね
　る巡回連絡
・近くの事件や事故
　にかけつける

交通課の仕事

・交通事故の原因を調
　査
・信号機や横断歩道の
　設置
・自動車やバイクの取
　りしまり
・子どもたちにむけた
　安全教育

図書館と警察署、くらべてみよう

　図書館と警察署は、どちらも国や都道府県、市区町村が管理する公共の施設です。図書館は、本を通じて、多くの人に知識や情報を得てもらうことが大きな目的でしたね。一方で警察署は、地域や社会の安全を守ることが大きな目的でした。

　それぞれ、目的に応じて何をすればいいのか、仕事やくふうの内容がかわってきます。下の表では、目的やそのための方法をまとめました。

図書館では本の検索、警察署では落としものの検索がインターネットでできるね。共通するところも見つけてみよう。

ポイント !

どんな目的や仕事がある？

図書館と警察署の仕事をそれぞれの目的に分けて、表にしてみましょう。

図書館の仕事

本を整理する
- ラベルでグループを分ける
- データベースをつくる
- 古くなった本は修理する

本を好きになってもらう
- 特設コーナーをつくって興味を引く
- いろいろなイベントをひらく

本の貸し出しや返却
- バーコードやICタグをつける
- インターネットで本を検索できるようにする

警察署の仕事

安全を守る
- 道路標識の設置や修理
- 交通安全の教育や指導
- 自然災害時の警備や救助

犯罪をふせぐ
- 地域のパトロールや巡回連絡
- お祭りなどのイベントや重要人物の警備

事件を解決する
- 事件の聞きこみや情報収集
- 犯罪現場にかけつけて犯人を逮捕する

いろいろなまとめ方

取材結果をくらべたり、考えをまとめるときには、さまざまな図や表、グラフなどが役に立ちます。次のような方法で、考えを広げたり整理したりしてみましょう。

> 図や表、グラフのことを「チャート」というよ。

表にまとめて、ちがいをわかりやすくする！

37 ページで、図書館と警察署の目的と方法をくらべるのに使用した方法を「Y チャート」といいます。たくさんのことがらを整理したり、分類したりするのに役立つ方法で、

紙に大きく「Y」を書き、それぞれがどこにあてはまるか書き出していく方法です。下の図では、駅員さんの仕事を分類してみました。

> それぞれのちがうところが、より理解しやすくなるんだね！

ポイント！ Y チャートの例

駅員さんの仕事

乗客の安全を守る仕事
ホームでの安全確認や混雑時の乗りおりの整理
非常時に緊急停止ボタンをおす

運行情報を伝える仕事
駅構内のアナウンス
臨時ダイヤの案内ポスターの作成やはり出し

乗りかえ案内や外国の人への対応、きっぷの発券
落としものの取りまとめ
改札や窓口での仕事

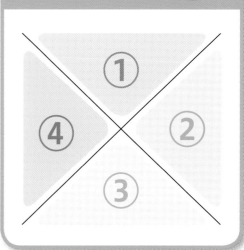

X チャート

① ② ③ ④

▲大きく「X」を書き、4 つの項目に分けるものを「X チャート」という。

さまざまなまとめ方・くらべ方

ほかにも、いろいろなまとめ方があります。調べた内容によって、使い分けましょう。

★ベン図

2つの円を使って、2つのものの同じところとちがうところをあらわす図を「ベン図」といいます。円が重なる部分は同じ特徴、重なっていない部分はそれぞれにしかない特徴です。似ているところが多い施設や仕事をくらべるときには、とても効果的な方法です。

★マトリックス

下の表は「マトリックス」といい、たて線と横線で表をつくり、項目ごとにくらべる方法です。同じところをくらべることもできますが、ならべることでそれぞれのちがいをより強調できます。「大きさ」「時間」「回数」「速さ」など、数をくらべてあらわすときにとても便利な表です。

ベン図の例

スーパーマーケット	共通	コンビニエンスストア
・朝から夜の営業 ・面積が広い ・安売りの商品が多い	・お客さんに商品を売る ・オリジナル商品	・営業時間が長い ・面積がせまい ・公共料金などの支払い ・新商品が多い

どのまとめ方にもいいところがあるよ。目的に応じて使い分けよう。

マトリックスの例

	乗り合いバス	タクシー
乗車する場所	あるていどの区間ごとにもうけられたバス停	よび出しの連絡をすると、好きな場所から乗ることができる
料金	110円 (区間内なら同じ料金)	2kmで740円 (距離によって上がる)
乗車できる人数 (車の大きさ)	50人くらい(大きい)	1〜4人(乗用車と同じ大きさ)

※数字は一例です。

さくいん

あ

IC タグ	9
移動図書館	19
インタビュー	6
運転免許証	29
X チャート	38
おはなし会	18

か

鑑識係	33
警察学校	26
警察手帳	33
刑事課	26、27、33
警備課	26、34、35
警務課	28
検索用パソコン	9、14
検問	32
交通課	26、32
交番	30、31、33

さ

災害警備	35
自動貸出機	9、15
自由研究	11
巡回連絡	31
職務質問	31
書庫	8、15、16
総合カウンター	8

た

逮捕術	33
地域課	26、27、30
通訳センター	29
読書感想文	11、13
図書館ツアー	19
ドライブレコーダー	32

な

日本十進分類法（NDC）	10

は

バーコード	9
筆談ボード	15
ビブリオバトル	19
ベン図	39
報告文	21、22、24
防犯カメラ	32
保管庫	8、15、16

ま

マッピング	4
マトリックス	39

や・ら・わ

ヤングアダルト	8
ラベル	10
Y チャート	38

編集	株式会社 アルバ
取材協力	三鷹市立図書館（三鷹図書館） 警視庁（武蔵野警察署）
執筆協力	川上 靖代、落合 初春
写真撮影	泉山 美代子、五十嵐 佳代
イラスト	山本 篤、彩 いろは
ブックデザイン	鷹觜 麻衣子
DTP	チャダル 108、スタジオポルト

仕事のくふう、見つけたよ
図書館・警察署

初版発行 2020 年 3 月　第 5 刷発行 2024 年 10 月

監修	青山 由紀
発行所	株式会社 金の星社
	〒111-0056 東京都台東区小島1-4-3
	TEL 03-3861-1861(代表)　FAX 03-3861-1507
	振替 00100-0-64678　ホームページ https://www.kinnohoshi.co.jp
印刷	広研印刷 株式会社
製本	株式会社 難波製本

NDC376　40ページ　29.2cm　ISBN978-4-323-05184-0
©Aoyama Yuki, Yamamoto Atsushi, Irodori Iroha, ARUBA inc. 2020　Published by KIN-NO-HOSHI SHA, Tokyo, Japan

仕事のくふう、見つけたよ

全**4**巻

スーパーマーケット・コンビニエンスストア

みんなの食生活を支えているスーパーマーケットとコンビニエンスストア。スーパーマーケットの入り口付近に野菜・果物売り場があることが多い理由や、コンビニエンスストアでおこなっている便利なサービスなど、意外と知らない「仕事のくふう」がたくさん！

おもな内容：【インタビューのしかた】／【スーパーマーケットを調べよう】売り場の配置には、くふうがたくさん！／野菜売り場、魚売り場のくふう など／【取材結果をふりかえろう】／【文章にまとめて報告しよう】／【コンビニエンスストアを調べよう】売り場の配置のくふう／さまざまな便利機器を設置する！ など／【取材結果をくらべよう】

パン屋さん・レストラン

食べ物を作り提供するパン屋さんとレストラン。開店直後に焼きたてパンを並べるため、朝からおこなうパンづくりや、レストランで素早く料理がだせる秘密、新商品・新メニューを考えるアイデアなど、お客さんに喜んでもらうためのくふうを紹介します。

おもな内容：【インタビューのしかた】／【パン屋さんを調べよう】パンづくりのくふう／新商品を考えるくふう／パンのならべ方や店づくりのくふう など／【取材結果をふりかえろう】／【文章にまとめて報告しよう】／【レストランを調べよう】フロアの仕事のくふう／キッチンの仕事のくふう など／【取材結果をくらべよう】